Mes Rituels de Lune
Pleine lune et Nouvelle lune

Jessica A.O

DÉESSE VIBES ÉDITIONS

✦

Contact : deessevibeseditions@gmail.com
Vous pouvez suivre ma collection de livres à remplir sur le développement, l'épanouissement et l'éveil personnel, sur **Instagram** : @deessevibeseditions

Code ISBN : 9798783363269

Copyright ©décembre 2021
Tous droits réservés

Hello ! Avant toute chose

Ce carnet appartient à

....

J'ai ………....... ans

J'ai acquis ce carnet le ………………….............................

Si vous trouvez ce carnet, veuillez me contacter

Tel …………………………………………………..

E-mail ……………………………………………………………….

📷 ....

f ....

🐦 ....

▶ YouTube ....

📌 Pinterest ....

Faites ressortir la déesse qui est en vous. Accordez-vous un moment rien que pour vous. Faites le point sur votre vie et créez la vie que vous souhaitez.

Les rituels de lune sont un excellent moyen de se reconnecter avec la nature, le cycle féminin, la vie et soi-même.
Pour faire un rituel, il suffit simplement de prendre un moment pour soi et d'écrire sous les effets magiques de la lune, d'être plus en accord avec votre féminin et de voir vos vœux se réaliser. "J'ai demandé à la lune" cela vous parle ? ;)

On connaît les effets de la lune sur les océans. Elle en a également sur nos énergies. D'ailleurs, il y a longtemps avant la pilule et les aliments modifiés, les femmes avaient leur "lune" (règles) toutes en même temps, à la pleine lune car elles étaient alignées avec les énergies de la lune. C'est pour cela que l'on dit que les filles sont plus « difficiles » quand elles ont leur "lune", car la pleine lune joue sur notre humeur et quand on le sait on se comprend mieux et donc on le vit mieux. On dit aussi "lunatique". Bref, vous l'aurez compris, la lune a une réelle influence sur nous.

<u>Les rituels peuvent s'effectuer 24h avant et jusqu'à 48h pour de meilleurs résultats.</u>

Grâce à ce journal, vous allez pouvoir suivre votre cycle menstruel et voir si vous êtes plus en alignement avec la Pleine lune ou la Nouvelle lune. C'est-à-dire si vos menstruations commencent le jour même ou les jours alentour.

On dit que si vous êtes alignée avec la pleine lune, c'est un mois d'action, vous pouvez oser, vous serez inspirée et pleine d'énergie...

Si vous êtes alignée avec la nouvelle lune, vous serez plutôt dans une énergie de « slow life » : prendre du temps, être plus en introspection, ralentir, prendre soin de vous ....

Sachez que, tout comme la nature nous sommes cycliques. Acceptez ceci. Nous avons le droit d'être différentes à certains moments. Avoir des hauts et des bas, c'est OK !

Sachez que si vous êtes ménopausée ou avec une contraception qui stoppe vos menstruations, vous êtes tout de même reliée aux influences de la lune. Vous allez vous sentir plus fatiguée les premiers jours, comme si vous les aviez vraiment eues. Vous pouvez vous sentir plus irritable ou même ressentir des douleurs

Les différentes phases du cycle féminin

La phase de la Sorcière = les règles

Cette première période est celle des menstruations
= le "temps des lunes".

Elle dure donc **1 à 6 jours** (en moyenne).

Elle commence au premier jour du cycle, donc des règles.
Si tu es fatiguée, c'est normal.

Lorsque tu saignes, c'est comme si tu te débarrassais de ce dont tu n'avais plus besoin pour débuter un nouveau cycle
Te recentrer, te reposer, prendre soin de toi.

La phase de la Sorcière est comparée à l'hiver, saison durant laquelle nous sommes toutes censées hiberner !

<u>C'est possible que tu aies pas mal d'idées et d'inspiration</u> : laisse tout ça infuser, sans pour autant passer à l'action.

En tous cas, si <u>tu es à fleur de peau, que tu te sens fatiguée et/ou triste, c'est juste normal à ce moment de ton cycle.</u>

N'hésite pas à expliquer à ton entourage que tu as besoin de temps pour toi.

Prends du temps pour toi, annule tes RDV si possible.

La phase de la Jeune fille = la période pré-ovulatoire

On l'appelle aussi la période de la Vierge.

C'est celle qui s'étend de la fin des règles au début de l'ovulation (Du jour **7 au jour 13**, généralement).

C'est un peu le **printemps** après l'hiver :

Le corps se lance dans la production d'un nouvel ovule. Tu retrouves l'énergie de l'action, l'envie d'interagir avec le monde extérieur.

Tu es insouciante, fonceuse, pleine de projets et efficace Le taux d'œstrogènes qui remonte dans ton corps.

Ce sont ces hormones qui entraînent chez toi l'envie d'accomplir plein de belles choses, d'acquérir de plus grandes confiance et assurance.

La phase de la Mère = l'ovulation

Celle de l'ovulation.

Du Jour **14 au Jour 20** en moyenne, elle est censée être
La meilleure de ton cycle !

C'est le moment où ton énergie est au max.

Tu rayonnes ! Fonce, entreprends, mets en place !

Tu es la plus sociable et tournée vers les autres.

À l'image de l'**été**, le moment de l'ovulation est une période de fertilité, de fluidité et d'abondance.

Comme une "Mère", ton empathie est ultra développée

Tu te sens plus légère, sensuelle.

Au niveau de la libido, tu es aussi à plein régime !

S'il t'arrive d'aller chez l'ostéopathe, le magnétiseur, le kiné, c'est le meilleur moment pour te faire masser :
Tu seras sûrement plus réceptive.

La phase de l'Enchanteresse = la période prémenstruelle

C'est la dernière étape du cycle féminin, de la fin de l'ovulation aux prochaines règles.

Du Jour **21 au Jour 28 (en** général).

C'est normal si tu te sens **plus fatiguée, plus vite énervée, déprimée, submergée.**

Elle apporte une grande énergie pour faire le tri… parfois de manière un peu extrême !!

C'est donc normal s'il t'arrive de penser soudainement à quitter ton travail ou une relation sans raison "valable".

Si tu sais reconnaître le lien entre ces pensées + les énergies négatives et ton cycle, tu devrais prendre peu à peu l'habitude de l'accepter et de composer avec.

C'est un bon temps pour danser, chanter, laisser ton corps s'exprimer et chasser les contrariétés.

Par contre, **ce n'est pas le meilleur timing pour prendre des décisions !**

Conseils pour tous les rituels

- Faites des vœux pour vous uniquement et formulez-les au présent.

- Créez une ambiance zen apaisante, sans appareils électroniques allumés, si possible débranchez et éteignez les prises et multiprises.

- Allumez une bougie, bio de préférence, de l'encens, diffusez des huiles essentielles

- Purifiez l'atmosphère avec de la sauge, du palo santo ou en faisant chanter un bol tibétain

- Posez-vous par terre, sur une serviette ou sur un tapis

- Étalez tous les objets qui vous ramènent à la spiritualité : pierres, cartes …

- Prenez aussi un carnet de notes et un stylo

- Préparez-vous un thé, bio si possible et de qualité avec des vertus apaisantes

- Faites le vide, commencez à respirer lentement et portez votre attention sur votre respiration. Vous pouvez faire la technique du carré, inspirez pendant 4 secondes, retenez votre souffle 4 secondes, puis expirez pendant 4 secondes, retenez 4 secondes et ainsi de suite ...

- Videz-vous au maximum de toutes pensées et sentiments négatifs, pour pouvoir vous remplir de bonne énergie avec la GRATITUDE

- Commencez votre rituel.

Comment profiter au mieux de l'énergie de la

Pleine lune

Un cycle lunaire dure en moyenne 29 jours.

La lune est pleine toutes les 4 semaines environ. Lorsqu'elle est pleine, elle est à son point culminant, son énergie et sa lumière sont au plus fort.

C'est pourquoi nous avons souvent du mal à dormir les soirs de pleine lune.

Profitez de chaque pleine lune pour faire le bilan du mois passé (ou du dernier cycle, depuis votre dernier rituel de pleine lune) et émettez de nouvelles intentions pour votre prochain cycle (mois).

C'est aussi le moment de voir ou vous en êtes par rapport à vos objectifs, faire un tri parmi ceux-là ou en avoir de nouveaux.

C'est un moment où il est important de pardonner et d'exprimer vos gratitudes pour donner un nouvel élan au prochain cycle et partir sur de bonnes bases.

La pleine lune est le temps des pardons, du lâcher prise, de la gratitude et de la réflexion profonde.

Connaissez-vous Ho'oponopono ? Cela signifie « rétablir l'équilibre » en hawaïen.

Un rituel de pardon, vous pouvez dire : Pardon, pardonne-moi, s'il te plaît, je t'aime, merci.

Ressentez l'effet de ses mots prononcez les uns derrière les autres.

Les rituels

❥ *Se réunir entre femmes* les soirs de pleine lune, c'est un moment propice pour se retrouver, pour partager nos moments de vie, et célébrer la lune au travers de rituels sacrés.

❥ *Sortir vos pierres semi-précieuses* sur le rebord de votre fenêtre et les laisser se recharger en énergie lunaire, une fois les avoir purifiées selon leurs besoins, eau avec gros sel, palo santo, bol chantant, sauge ...

❥ C'est l'occasion pour vous de vous lover dans un *bain parfumé* aux pétales de fleurs et huiles essentielles, pour honorer votre déesse intérieure.

❥ C'est le moment de *porter des vêtements très féminins*, de changer de parfum, de mettre de jolies boucles d'oreilles, d'être particulièrement coquettes.

❥ Allumez des bougies, écoutez de la musique, méditez, connectez-vous à vous-même, aux autres, faites-vous du bien.

❥ Prendre une *douche énergétique,* en pleine conscience, visualiser les énergies toxiques qui s'écoulent en dehors de votre corps

Vous pouvez aussi laisser couler vos émotions trop lourdes ou limitantes, libérer ... puis lâcher-prise

✒ *L'eau de lune*, faites votre eau de lune.

<u>Les ondes émises par les rayons lunaires sont captées par les molécules d'eau.</u>

Remplir un récipient, d'eau de source ou d'eau filtrée. Vous pouvez utiliser le récipient que vous voulez mais ne le fermez pas.

Placer le récipient sous les rayons de la lune, le soir de la pleine lune. Dans l'idéal, vous pouvez le faire une nuit avant, une nuit pendant et une nuit après la pleine lune.
Rentrez vos récipients avant le retour du soleil.

Ajoutez des huiles essentielles et/ou des cristaux dans le récipient et chargez son eau en intention positive.

Conservez-la dans un endroit sombre et si possible dans des bouteilles bleues.

Vous pouvez ensuite, arroser vos plantes, nettoyer vos cristaux, la boire, dans votre bain, cosmétiques maison ...
Un bouchon d'eau de lune pour un litre d'eau environ et 1 à 2 litres pour votre bain.

✒ *Bain de lune*.

Profitez de ce moment pour prendre soin de vous, mettez du sel, des huiles essentielles, des fleurs séchées, des vitamines ...

Exemple : sel d'Epsom, sel de la mer morte, sel rose d'Himalaya, huile essentielle Rose de Damas, pétales de roses ...

Le rituel le plus important et indispensable est bien sûr de remplir votre livre « Rituels de lune » ;)

Pleine lune et les signes astro

Chaque pleine lune a lieu tous les mois dans un signe différent, ce signe va avoir une certaine influence sur nous et nous invite à travailler sur certains domaines de notre vie à ce moment en particulier.

Voici les signes et leurs influences :

Bélier
Équilibre, raison, prudence, ralentir

Taureau
Action, stabilité, biens matériels

Gémeaux
Sincérité, lâcher prise, compassion, constance

Cancer
Confiance en soi, honnêteté, famille

Lion
Solidarité, créativité, humilité, amour propre et pour autrui

Vierge

Altruisme, confiance en la vie, douceur

Balance

Introspection, confiance, beauté de la vie

Scorpion

Séduction, positivité, passion, intensité

Sagittaire

Action, aventure, rire, humilité

Capricorne

Lâcher-prise, compassion, intuition, vie personnelle

Verseau

Changement, relation sincère, détachement

Poisson

Rêves, paix intérieure, méditation, intuition, sensibilité

Comment profiter au mieux de l'énergie de la

Nouvelle lune

La nouvelle Lune est une phase lunaire qui se produit quand la Lune se trouve entre la Terre et le Soleil.

La partie éclairée de la Lune est la face cachée, et la face que nous présente la Lune est donc invisible.

Il est très difficile d'observer la nouvelle Lune, car celle-ci se trouve très proche du Soleil.

L'influence de la nouvelle lune est synonyme de nouveau départ.

L'occasion de manifester vos rêves, faire une introspection, faire jouer la loi de l'attraction, par de l'écriture intuitive par exemple.

Écrivez ce que vous voulez vivre comme si vous étiez en train de le vivre, mettez un mot sur vos émotions et définissez vos objectifs sur le long terme, voire même le but de votre vie et exprimez également vos gratitudes.

Vous pouvez vous sentir à bout, irritable, agressive, vulgaire, fatiguée, et c'est normal. Ne vous en voulez pas.

Pour atténuer ces effets, vous pouvez cultiver la patience, la bienveillance, le lâcher-prise.

Les rituels

☽ On dit que la nouvelle lune est le meilleur moment pour réaliser un *chèque d'abondance*. Ceci consiste à remplir un chèque avec le montant voulu et de le laisser bien en évidence afin de l'imprégner dans notre subconscient.

☽ *Visualisation 1*

Visualisez un croissant de Lune brillant dans l'univers, observez-le, souriez-lui, aimez-le et récitez ces affirmations.

- J'accueille cette nouvelle lune avec amour.
- Mon être tout entier est ressourcé.
- Mon énergie est protégée et illimitée.
- Je suis capable de réaliser tout ce que je désire.
- Amour, joie, protection illimitée.

☽ *Visualisation 2*

Connectez-vous à l'énergie de la Lune, visualisez-la juste devant vous et demandez-lui ce qui est essentiel à votre épanouissement. Ne vous mettez pas de limite, mais restez raisonnable et laissez aller votre intuition.

Puis remerciez-la en la voyant s'éloigner petit à petit, tout en laissant sa magnifique énergie en vous.

❯ *Visualisation 3*

Vous êtes en mode déesse, dans votre plus belle tenue, assise sur un nuage à contempler la lune juste à côté, sa lumière ne vous éblouit pas.

Voyez-la comme une sœur, une mère, une amie bienveillante et puissante. Elle est là, à vos côtés et compte bien y rester. Vous pouvez compter sur elle comme elle peut compter sur vous.

Ressentez cet amour inconditionnel et restez là, en sa présence. Peut-être allez-vous rire ensemble, discuter, libérer, soigner ...

Noter vos ressentis dans ce carnet.

❯ *Chassez des pensées limitantes,* écrivez sur une feuille toutes vos pensées négatives, limitantes, qui entravent votre vie, vos projets, etc...

Videz toutes vos pensées, jusqu'à épuisement.

Posez un verre d'eau salée (eau + gros sel) sur cette feuille, et attendez 24h.

Après ces 24h, allumez une bougie, faites brûler de l'encens si vous en avez.

Prenez le temps de bien vous détendre, connectez-vous à vous-même.

Relisez la feuille puis dites :

« Je reconnais l'existence de ces pensées, de ces blessures et de ces peurs. À partir de maintenant, je décide d'apporter de l'amour à cette partie de moi et je décide de transformer ces pensées, pour mon plus grand bien et pour la réalisation de mon projet. Je pose cet acte pour ancrer définitivement la fin de ces croyances. »

Jetez l'eau salée, barrez les phrases écrites sur la feuille, déchirez la feuille et brûlez la (à l'extérieur, restez prudente).

« Avec ce feu, je transmute mes croyances. À partir d'aujourd'hui, je décide de penser autrement et de me concentrer sur la réalisation de mon désir. Par amour pour moi, je m'autorise à avancer vers la meilleure version de moi-même. »

Terminez par une petite visualisation : voyez la scène idéale, celle de la concrétisation, pour votre épanouissement, sur le plan professionnel et/ou personnel. Connectez-vous aux émotions ressenties, vivez-les pleinement, ressentez.

Écrivez les pensées positives qui arrivent puis gardez précieusement cette feuille afin de la relire le plus souvent possible.

Exemple : je peux le faire, l'abondance est mon droit de naissance. Je peux avoir tout ce que je désire. J'ai confiance. Je suis un enfant de la terre, je réussis tout ce que j'entreprends, il y a assez de richesses pour tout le monde et même plus ...

> ***Marchez les pieds nus*** dans l'herbe, sur la terre, ou sur une terrasse ... Imaginez-vous vous enraciner à chaque pas.

> ***Purifiez entièrement votre habitat***, en insistant sur les aérations et pièces d'eau. N'oubliez pas d'ouvrir toutes les portes et fenêtres afin pour faire sortir la fumée entièrement ! C'est très important.

> ***Auto massage :*** passez-vous de la crème ou de l'huile sur tout le corps en prenant conscience de chaque

partie de votre corps et en la remerciant (yoga dance, méditation, yoga sensuel, breathwork).

☽ Pendant la nouvelle lune, il est surtout *important* de poser vos intentions, de définir ou affiner vos objectifs et surtout de remplir votre carnet « rituel de lune » ;)

Nouvelle lune et les signes astro.

Tout comme la pleine lune, la nouvelle lune a lieu tous les mois dans un signe différent. Ce signe va avoir une certaine influence sur nous et nous invite à travailler sur certains domaines de notre vie à ce moment en particulier.

Voici les signes et leurs influences :

Bélier

Nouveau départ, planification, courage, action

Taureau

Amour propre, finances, biens matériels, sensualité

Gémeaux

Communication, méditation, vie sociale, relations familiales et surtout avec les frères et sœurs

Cancer

Amour, fertilité, famille, foyer, bienveillance

Lion
Sorties, créativité, art, vie affective et sexualité

Vierge
Organisation, travail, solidarité, santé

Balance
Équilibre, contrat, négociation

Scorpion
Transformation, paix intérieure, passion, séduction

Sagittaire
Voyage, méditation, rire, reconnaissance

Capricorne
Introspection, fidélité, ambition, carrière professionnelle, planification

Verseau
Communication, sincérité, réalisation des projets, amitié

Poisson
Lâcher-prise, rêves, émotions, sensibilité

Nouvelle Lune en ....
Du ....h ....
Rituel réalisé le .... *À* ....h ....

Mes menstruations ont eu lieu aux alentours de la Pleine lune ou de la Nouvelle lune ce mois-ci ?
....
Quel jour précisément ? ....

Comment je vis ou comment ai-je vécu mon cycle ?
Physiquement et émotionnellement
....
....

Je relis mon dernier rituel de nouvelle lune *et si besoin mon dernier rituel de pleine lune (ou je reviens sur mon mois passé, en mémoire)*
Comment je me sens ?

....
....
....
....
....
....
....
....
....
....
....

Mieux vaut fait que parfait !

Quels sont mes objectifs et vœux réalisés depuis mon dernier cycle ? (Dernier mois)

....
....
....
....
....
....
....
....
....
....
....
....
....
....
....
....
....
....
....
....

Quelles sont mes gratitudes du dernier cycle ? *Les meilleurs moments, des rencontres, des ressentis, réalisations particulières*

....

....

....

....

....

....

....

....

....

....

....

....

....

....

....

....

....

....

....

Quelles sont mes intentions, vœux, objectifs, pour les prochains mois ? (Jusqu'à 6 mois) Je viendrais par la suite cocher ceux réalisés.

☐
....
....

☐
....
....

☐
....
....

☐
....
....

☐
....
....

☐
....
....

☐
....
....

☐
....
....

☐
....
....
☐
....
....
☐
....
....

Je reste focus sur mes principaux objectifs à long terme, dans tous les secteurs de ma vie, *je les écris pour bien m'en imprégner et me les rappeler chaque mois. Je peux aussi les ajuster en fonction de mon évolution, de mes envies ...*

....
....
....
....
....
....
....
....
....
....
....

....
....
....
....
....
....
....
....
....

Quelle personne je veux être, dans quelques années ou quelques mois ? Physiquement, mentalement, socialement.

....
....
....
....
....
....
....
....
....
....

....

....

....

....

....

....

....

....

....

....

Qu'est-ce je mérite dans la vie ? D'être aimée, heureuse ...

....

....

....

....

Pourquoi je souhaite que mes objectifs, vœux, se réalisent ?

....

....

....

....

....

....
....
....
....
....
....

Que vais-je faire pour les réaliser ? *Sur quoi vais-je travailler, quels efforts, que vais-je mettre en place (de façon générale) ...*

....
....
....
....
....
....
....
....
....
....
....
....

Un dernier mot ?
À moi-même, l'univers, la source, les anges, les archanges ...

Quels sont mes accessoires pour ce rituel ? Pierres, oracles, encens ...

....

....

....

....

....

....

....

....

....

....

Quels sont les résultats de mes tirages ou autres ? Runes, pendule, cartes

....

....

....

....

....

....

Pleine Lune en ....(signe astro)
Du ....h........................
Rituel réalisé le .... *À* ....h........................
Spécificité de la lune ....

Mes menstruations ont eu lieu aux alentours de la Pleine lune ou de la Nouvelle lune ce mois-ci ?
....
Quel jour précisément ? ....

Comment je vis ou comment ai-je vécu mon cycle ?
Physiquement et émotionnellement
....

....

Je relis mon dernier rituel de pleine lune *et si besoin mon dernier rituel de nouvelle lune (ou je reviens sur mon mois passé, en mémoire)*

Écriture intuitive
Comment je me sens actuellement, ces derniers jours ? Sur le plan physique et émotionnel, que s'est-il passé, ce que j'ai appris, les choses dont je souhaite me décharger, etc ...

....

....

....

....

....

....

....

....

Le changement intérieur transformera mon monde extérieur !

Quelles sont les choses sur lesquelles je dois persévérer ?

....

....

....

....

....

....

....

....

....

....

Quelles sont mes gratitudes et réussites de ce dernier cycle ?

....

....

....

....

....

....

....

....

....

....

....
....
....
....
....
....
....
....
....
....
....

Souhaits et vœux réalisés durant ce dernier cycle ?

....
....
....
....
....
....
....

....
....
....
....
....
....
....
....
....
....
....
....
....

Mes souhaits et vœux pour le prochain cycle ? *Je reviendrai cocher les objectifs réalisés au prochain rituel de pleine lune.*

☐
....
....

☐
....
....

☐
....
....

Mes intentions, ce que je m'engage à faire pour y arriver.

Durant ce dernier cycle

Ce qui m'a déçue, contrariée, que je ne veux plus dans ma vie	Les choses pour lesquelles je n'ai pas pris de temps et que je souhaite faire

Ce qui m'a plu durant ce cycle et que je souhaite garder dans mon quotidien	Ce qui m'a pris trop de temps et d'énergie que je souhaite moins ou ne plus faire

Un dernier mot ? Pour l'univers, vos guides ...

....

....

....

....

....

....

....

....

....

....

....

....

Mes compagnons de rituel et mes tirages. Pierres, accessoires, bougies, tapis, sauge, objets ...

....

....

....

....

Nouvelle Lune en ....
Du ....h..................
Rituel réalisé le .... À ....h ....

Mes menstruations ont eu lieu aux alentours de la Pleine lune ou de la Nouvelle lune ce mois-ci ?
....
Quel jour précisément ? ....

Comment je vis ou comment ai-je vécu mon cycle ?
Physiquement et émotionnellement
....

....

Je relis mon dernier rituel de nouvelle lune et si besoin mon dernier rituel de pleine lune (ou je reviens sur mon mois passé, en mémoire)
Comment je me sens ?

....

....

....

....

....

....

....

....

....

....

Je m'accepte pleinement !

Quels sont mes objectifs et vœux réalisés depuis mon dernier cycle ? (Dernier mois)

....
....
....
....
....
....
....
....
....
....
....
....
....
....
....
....
....
....

Quelles sont mes gratitudes du dernier cycle ? *Les meilleurs moments, des rencontres, des ressentis, réalisations particulières*

....
....
....
....
....
....
....
....
....
....
....
....
....
....
....
....
....
....
....
....

Quelles sont mes intentions, vœux, objectifs, pour les prochains mois ? (Jusqu'à 6 mois) *Je viendrais par la suite cocher ceux réalisés.*

☐
....
....

☐
....
....

☐
....
....

☐
....
....

☐
....
....

☐
....
....

☐
....
....

☐
....
....

☐ ....
....

☐ ....
....

☐ ....
....

Je reste focus sur mes principaux objectifs à long terme, dans tous les secteurs de ma vie, *je les écris pour bien m'en imprégner et me les rappeler chaque mois. Je peux aussi les ajuster en fonction de mon évolution, de mes envies ...*

....
....
....
....
....
....
....
....
....
....
....

....
....
....
....
....
....
....
....
....

Quelle personne je veux être, dans quelques années ou quelques mois ? Physiquement, mentalement, socialement.

....
....
....
....
....
....
....
....
....
....
....

....
....
....
....
....
....
....
....
....

Qu'est-ce je mérite dans la vie ? D'être aimée, heureuse ...

....
....
....
....

Pourquoi je souhaite que mes objectifs, vœux, se réalisent ?

....
....
....
....

....
....
....
....
....
....

Que vais-je faire pour les réaliser ? *Sur quoi vais-je travailler, quels efforts, que vais-je mettre en place (de façon générale) ...*

....
....
....
....
....
....
....
....
....
....
....
....

Un dernier mot ?
À moi-même, l'univers, la source, les anges, les archanges ...

Quels sont mes accessoires pour ce rituel ? Pierres, oracles, encens ...

....

....

....

....

....

....

....

....

....

....

Quels sont les résultats de mes tirages ou autres ? Runes, pendule, cartes

....

....

....

....

....

....

Pleine Lune en ....(signe astro)
Du ....h....................
Rituel réalisé le .... À ....h...................
Spécificité de la lune ....

Mes menstruations ont eu lieu aux alentours de la Pleine lune ou de la Nouvelle lune ce mois-ci ?
....
Quel jour précisément ? ....

Comment je vis ou comment ai-je vécu mon cycle ?
Physiquement et émotionnellement
....

....

Je relis mon dernier rituel de pleine lune et si besoin mon dernier rituel de nouvelle lune (ou je reviens sur mon mois passé, en mémoire)

Écriture intuitive
Comment je me sens actuellement, ces derniers jours ? Sur le plan physique et émotionnel, que s'est-il passé, ce que j'ai appris, les choses dont je souhaite me décharger, etc ...

....

....

....

....

....

....

....

....

....
....
....
....
....
....
....
....
....
....
....
....
....
....
....
....
....
....
....
....

Je vis l'instant présent, ici et maintenant !

Quelles sont les choses sur lesquelles je dois persévérer ?

....

....

....

....

....

....

....

....

....

....

Quelles sont mes gratitudes et réussites de ce dernier cycle ?

....

....

....

....

....

....

....

....

....

....
....
....
....
....
....
....
....
....
....
....

Souhaits et vœux réalisés durant ce dernier cycle ?

....
....
....
....
....
....
....

....
....
....
....
....
....
....
....
....
....
....
....
....

***Mes souhaits et vœux pour le prochain cycle ?** Je reviendrai cocher les objectifs réalisés au prochain rituel de pleine lune.*

☐
....
....

☐
....
....

☐
....
....

Mes intentions, ce que je m'engage à faire pour y arriver.

Durant ce dernier cycle

Ce qui m'a déçue, contrariée, que je ne veux plus dans ma vie	Les choses pour lesquelles je n'ai pas pris de temps et que je souhaite faire
Ce qui m'a plu durant ce cycle et que je souhaite garder dans mon quotidien	Ce qui m'a pris trop de temps et d'énergie que je souhaite moins ou ne plus faire

Un dernier mot ? Pour l'univers, vos guides ...

....

....

....

....

....

....

....

....

....

....

....

....

....

Mes compagnons de rituel et mes tirages. Pierres, accessoires, bougies, tapis, sauge, objets ...

....

....

....

....

....

Nouvelle Lune en ....
Du .... *h* ....
Rituel réalisé le .... *À* .... *h* ....

Mes menstruations ont eu lieu aux alentours de la Pleine lune ou de la Nouvelle lune ce mois-ci ?
....
Quel jour précisément ? ....

Comment je vis ou comment ai-je vécu mon cycle ?
Physiquement et émotionnellement
....

....

Je relis mon dernier rituel de nouvelle lune *et si besoin mon dernier rituel de pleine lune (ou je reviens sur mon mois passé, en mémoire)*
Comment je me sens ?

....

....

....

....

....

....

....

....

....

....

....

J'ose sortir de ma zone de confort !

Quels sont mes objectifs et vœux réalisés depuis mon dernier cycle ? (Dernier mois)

....
....
....
....
....
....
....
....
....
....
....
....
....
....
....
....
....
....
....
....

Quelles sont mes gratitudes du dernier cycle ? *Les meilleurs moments, des rencontres, des ressentis, réalisations particulières*

....
....
....
....
....
....
....
....
....
....
....
....
....
....
....
....
....
....
....

Quelles sont mes intentions, vœux, objectifs, pour les prochains mois ? (Jusqu'à 6 mois) *Je viendrais par la suite cocher ceux réalisés.*

☐
....
....

☐
....
....

☐
....
....

☐
....
....

☐
....
....

☐
....
....

☐
....
....

☐
....
....

☐ ....
....

☐ ....
....

☐ ....
....

***Je reste focus sur mes principaux objectifs à long terme, dans tous les secteurs de ma vie,** je les écris pour bien m'en imprégner et me les rappeler chaque mois. Je peux aussi les ajuster en fonction de mon évolution, de mes envies ...*

....
....
....
....
....
....
....
....
....
....
....

....
....
....
....
....
....
....
....
....

Quelle personne je veux être, dans quelques années ou quelques mois ? *Physiquement, mentalement, socialement.*

....
....
....
....
....
....
....
....
....
....

....
....
....
....
....
....
....
....
....
....

Qu'est-ce je mérite dans la vie ? D'être aimée, heureuse ...

....
....
....
....

Pourquoi je souhaite que mes objectifs, vœux, se réalisent ?

....
....
....
....

....
....
....
....
....
....

Que vais-je faire pour les réaliser ? *Sur quoi vais-je travailler, quels efforts, que vais-je mettre en place (de façon générale) ...*

....
....
....
....
....
....
....
....
....
....
....
....

Un dernier mot ?
À moi-même, l'univers, la source, les anges, les archanges ...

Quels sont mes accessoires pour ce rituel ? Pierres, oracles, encens ...

....
....
....
....
....
....
....
....
....
....
....

Quels sont les résultats de mes tirages ou autres ? Runes, pendule, cartes

....
....
....
....
....
....
....

Pleine Lune en ....(signe astro)
Du ....h......................
Rituel réalisé le .... *À* ....h...................
Spécificité de la lune ....

Mes menstruations ont eu lieu aux alentours de la Pleine lune ou de la Nouvelle lune ce mois-ci ?
....
Quel jour précisément ? ....

Comment je vis ou comment ai-je vécu mon cycle ?
Physiquement et émotionnellement
....

....

Je relis mon dernier rituel de pleine lune et si besoin mon dernier rituel de nouvelle lune (ou je reviens sur mon mois passé, en mémoire)

Écriture intuitive
Comment je me sens actuellement, ces derniers jours ? Sur le plan physique et émotionnel, que s'est-il passé, ce que j'ai appris, les choses dont je souhaite me décharger, etc …

....

....

....

....

....

....

....

....

Un esprit positif, un environnement positif, une vie positive !

Quelles sont les choses sur lesquelles je dois persévérer ?

....

....

....

....

....

....

....

....

....

....

Quelles sont mes gratitudes et réussites de ce dernier cycle ?

....

....

....

....

....

....

....

....

....

....
....
....
....
....
....
....
....
....
....

Souhaits et vœux réalisés durant ce dernier cycle ?

....
....
....
....
....
....
....

....
....
....
....
....
....
....
....
....
....
....
....
....

Mes souhaits et vœux pour le prochain cycle ? *Je reviendrai cocher les objectifs réalisés au prochain rituel de pleine lune.*

☐
....
....

☐
....
....

☐
....
....

Mes intentions, ce que je m'engage à faire pour y arriver.

Durant ce dernier cycle

Ce qui m'a déçue, contrariée, que je ne veux plus dans ma vie	Les choses pour lesquelles je n'ai pas pris de temps et que je souhaite faire
Ce qui m'a plu durant ce cycle et que je souhaite garder dans mon quotidien	Ce qui m'a pris trop de temps et d'énergie que je souhaite moins ou ne plus faire

Un dernier mot ? Pour l'univers, vos guides ...

....
....
....
....
....
....
....
....
....
....
....
....
....

Mes compagnons de rituel et mes tirages. Pierres, accessoires, bougies, tapis, sauge, objets ...

....
....
....
....
....

Nouvelle Lune en ....
Du ....*h*...............
Rituel réalisé le .... *À* ....*h*...............

Mes menstruations ont eu lieu aux alentours de la Pleine lune ou de la Nouvelle lune ce mois-ci ?
....
Quel jour précisément ? ....

Comment je vis ou comment ai-je vécu mon cycle ?
Physiquement et émotionnellement
....

....

Je relis mon dernier rituel de nouvelle lune *et si besoin mon dernier rituel de pleine lune (ou je reviens sur mon mois passé, en mémoire)*
Comment je me sens ?

....

....

....

....

....

....

....

....

....

....

Il n'y a pas d'échec, seulement des apprentissages !

Quels sont mes objectifs et vœux réalisés depuis mon dernier cycle ? *(Dernier mois)*

....

....

....

....

....

....

....

....

....

....

....

....

....

....

....

....

....

....

....

Quelles sont mes gratitudes du dernier cycle ? *Les meilleurs moments, des rencontres, des ressentis, réalisations particulières*

....

....

....

....

....

....

....

....

....

....

....

....

....

....

....

....

....

....

....

....

....

Quelles sont mes intentions, vœux, objectifs, pour les prochains mois ? (Jusqu'à 6 mois) *Je viendrais par la suite cocher ceux réalisés.*

☐
....
....

☐
....
....

☐
....
....

☐
....
....

☐
....
....

☐
....
....

☐
....
....

☐
....
....

☐ ....
....

☐ ....
....

☐ ....
....

***Je reste focus sur mes principaux objectifs à long terme, dans tous les secteurs de ma vie,** je les écris pour bien m'en imprégner et me les rappeler chaque mois. Je peux aussi les ajuster en fonction de mon évolution, de mes envies ...*

Quelle personne je veux être, dans quelques années ou quelques mois ? Physiquement, mentalement, socialement.

....
....
....
....
....
....
....
....
....
....

Qu'est-ce je mérite dans la vie ? D'être aimée, heureuse ...

....
....
....
....

Pourquoi je souhaite que mes objectifs, vœux, se réalisent ?

....
....
....
....
....

....

....

....

....

....

....

Que vais-je faire pour les réaliser ? *Sur quoi vais-je travailler, quels efforts, que vais-je mettre en place (de façon générale) ...*

....

....

....

....

....

....

....

....

....

....

....

....

Un dernier mot ?
À moi-même, l'univers, la source, les anges, les archanges ...

Quels sont mes accessoires pour ce rituel ? Pierres, oracles, encens ...

....
....
....
....
....
....
....
....
....
....
....

Quels sont les résultats de mes tirages ou autres ? Runes, pendule, cartes

....
....
....
....
....
....

Pleine Lune en ....(signe astro)
Du ....h..................
Rituel réalisé le ....   À ....h..................
Spécificité de la lune ....

Mes menstruations ont eu lieu aux alentours de la Pleine lune ou de la Nouvelle lune ce mois-ci ?
....
Quel jour précisément ? ....

Comment je vis ou comment ai-je vécu mon cycle ?
Physiquement et émotionnellement
....

....

Je relis mon dernier rituel de pleine lune et si besoin mon dernier rituel de nouvelle lune (ou je reviens sur mon mois passé, en mémoire)

Écriture intuitive
Comment je me sens actuellement, ces derniers jours ? Sur le plan physique et émotionnel, que s'est-il passé, ce que j'ai appris, les choses dont je souhaite me décharger, etc ...

....

....

....

....

....

....

....

....

....
....
....
....
....
....
....
....
....
....
....
....
....
....
....
....
....
....

Je lâche prise, j'ai confiance !

Quelles sont les choses sur lesquelles je dois persévérer ?

....
....
....
....
....
....
....
....
....
....

Quelles sont mes gratitudes et réussites de ce dernier cycle ?

....
....
....
....
....
....
....
....

....
....
....
....
....
....
....
....
....
....
....

Souhaits et vœux réalisés durant ce dernier cycle ?

....
....
....
....
....
....
....

....
....
....
....
....
....
....
....
....
....
....
....
....

***Mes souhaits et vœux pour le prochain cycle ?** Je reviendrai cocher les objectifs réalisés au prochain rituel de pleine lune.*

☐
....
....

☐
....
....

☐
....
....

Mes intentions, ce que je m'engage à faire pour y arriver.

....

....

....

....

....

....

....

....

....

....

....

....

....

....

....

....

....

....

....

....

Durant ce dernier cycle

Ce qui m'a déçue, contrariée, que je ne veux plus dans ma vie	Les choses pour lesquelles je n'ai pas pris de temps et que je souhaite faire
Ce qui m'a plu durant ce cycle et que je souhaite garder dans mon quotidien	Ce qui m'a pris trop de temps et d'énergie que je souhaite moins ou ne plus faire

***Un dernier mot ?** Pour l'univers, vos guides ...*

....
....
....
....
....
....
....
....
....
....
....
....

Mes compagnons de rituel et mes tirages. *Pierres, accessoires, bougies, tapis, sauge, objets ...*

....
....
....
....
....

Nouvelle Lune en ....
Du ....*h*....................
Rituel réalisé le .... *À* ....*h* ....

Mes menstruations ont eu lieu aux alentours de la Pleine lune ou de la Nouvelle lune ce mois-ci ?
....

Quel jour précisément ? ....

Comment je vis ou comment ai-je vécu mon cycle ?
Physiquement et émotionnellement
....

....

Je relis mon dernier rituel de nouvelle lune et si besoin mon dernier rituel de pleine lune (ou je reviens sur mon mois passé, en mémoire)
Comment je me sens ?

....

....

....

....

....

....

....

....

....

....

....

Je fais confiance à mon intuition !

Quels sont mes objectifs et vœux réalisés depuis mon dernier cycle ? *(Dernier mois)*

....

....

....

....

....

....

....

....

....

....

....

....

....

....

....

....

....

....

Quelles sont mes gratitudes du dernier cycle ? *Les meilleurs moments, des rencontres, des ressentis, réalisations particulières*

Quelles sont mes intentions, vœux, objectifs, pour les prochains mois ? (Jusqu'à 6 mois) *Je viendrais par la suite cocher ceux réalisés.*

☐
....
....

☐
....
....

☐
....
....

☐
....
....

☐
....
....

☐
....
....

☐
....
....

☐
....
....

☐
....
....

☐
....
....

☐
....
....

Je reste focus sur mes principaux objectifs à long terme, dans tous les secteurs de ma vie, *je les écris pour bien m'en imprégner et me les rappeler chaque mois. Je peux aussi les ajuster en fonction de mon évolution, de mes envies ...*

....
....
....
....
....
....
....
....
....
....
....

....
....
....
....
....
....
....
....
....

Quelle personne je veux être, dans quelques années ou quelques mois ? Physiquement, mentalement, socialement.

....
....
....
....
....
....
....
....
....

....
....
....
....
....
....
....
....
....

Qu'est-ce je mérite dans la vie ? D'être aimée, heureuse ...

....
....
....
....
....

Pourquoi je souhaite que mes objectifs, vœux, se réalisent ?

....
....
....
....
....

....
....
....
....
....
....

Que vais-je faire pour les réaliser ? *Sur quoi vais-je travailler, quels efforts, que vais-je mettre en place (de façon générale) ...*

....
....
....
....
....
....
....
....
....
....
....
....

Un dernier mot ?
À moi-même, l'univers, la source, les anges, les archanges ...

Quels sont mes accessoires pour ce rituel ? Pierres, oracles, encens ...

....
....
....
....
....
....
....
....
....
....

Quels sont les résultats de mes tirages ou autres ? Runes, pendule, cartes

....
....
....
....
....
....

Pleine Lune en ....*(signe astro)*
Du ....*h*.....................
Rituel réalisé le .... *À* ....*h*...............
Spécificité de la lune ....

Mes menstruations ont eu lieu aux alentours de la Pleine lune ou de la Nouvelle lune ce mois-ci ?
....
Quel jour précisément ? ....

Comment je vis ou comment ai-je vécu mon cycle ?
Physiquement et émotionnellement
....

....

Je relis mon dernier rituel de pleine lune *et si besoin mon dernier rituel de nouvelle lune (ou je reviens sur mon mois passé, en mémoire)*

Écriture intuitive
Comment je me sens actuellement, ces derniers jours ? Sur le plan physique et émotionnel, que s'est-il passé, ce que j'ai appris, les choses dont je souhaite me décharger, etc ...

....

....

....

....

....

....

....

....

Je m'aime, je crois en moi, je prends soin de moi !

Quelles sont les choses sur lesquelles je dois persévérer ?

....
....
....
....
....
....
....
....
....
....

Quelles sont mes gratitudes et réussites de ce dernier cycle ?

....
....
....
....
....
....
....
....
....
....

....
....
....
....
....
....
....
....
....
....
....
....

Souhaits et vœux réalisés durant ce dernier cycle ?

....
....
....
....
....
....
....

....
....
....
....
....
....
....
....
....
....
....
....
....

Mes souhaits et vœux pour le prochain cycle ? *Je reviendrai cocher les objectifs réalisés au prochain rituel de pleine lune.*

☐
....
....

☐
....
....

☐
....
....

Mes intentions, ce que je m'engage à faire pour y arriver.

Durant ce dernier cycle

Ce qui m'a déçue, contrariée, que je ne veux plus dans ma vie	Les choses pour lesquelles je n'ai pas pris de temps et que je souhaite faire
Ce qui m'a plu durant ce cycle et que je souhaite garder dans mon quotidien	**Ce qui m'a pris trop de temps et d'énergie que je souhaite moins ou ne plus faire**

Un dernier mot ? _Pour l'univers, vos guides ..._

....

....

....

....

....

....

....

....

....

....

....

....

Mes compagnons de rituel et mes tirages. _Pierres, accessoires,_
bougies, tapis, sauge, objets ...

....

....

....

....

....

Nouvelle Lune en ....
Du ....*h*.................
Rituel réalisé le .... *À* ....*h*..............

Mes menstruations ont eu lieu aux alentours de la Pleine lune ou de la Nouvelle lune ce mois-ci ?
....
Quel jour précisément ? ....

Comment je vis ou comment ai-je vécu mon cycle ?
Physiquement et émotionnellement
....

....

Je relis mon dernier rituel de nouvelle lune et si besoin mon dernier rituel de pleine lune (ou je reviens sur mon mois passé, en mémoire)
Comment je me sens ?

....
....
....
....
....
....
....
....
....
....
....

La différence entre ce que je suis et ce que je veux être est ce que je fais !

Quels sont mes objectifs et vœux réalisés depuis mon dernier cycle ? (Dernier mois)

Quelles sont mes gratitudes du dernier cycle ? *Les meilleurs moments, des rencontres, des ressentis, réalisations particulières*

....

....

....

....

....

....

....

....

....

....

....

....

....

....

....

....

....

....

....

....

Quelles sont mes intentions, vœux, objectifs, pour les prochains mois ? *(Jusqu'à 6 mois) Je viendrais par la suite cocher ceux réalisés.*

☐
....
....

☐
....
....

☐
....
....

☐
....
....

☐
....
....

☐
....
....

☐
....
....

☐
....
....

☐
....

☐
....

☐
....

Je reste focus sur mes principaux objectifs à long terme, dans tous les secteurs de ma vie, *je les écris pour bien m'en imprégner et me les rappeler chaque mois. Je peux aussi les ajuster en fonction de mon évolution, de mes envies ...*

....
....
....
....
....
....
....
....
....
....
....

....
....
....
....
....
....
....
....
....

Quelle personne je veux être, dans quelques années ou quelques mois ? Physiquement, mentalement, socialement.

....
....
....
....
....
....
....
....
....

....
....
....
....
....
....
....
....
....
....

Qu'est-ce je mérite dans la vie ? D'être aimée, heureuse ...

....
....
....
....
....

Pourquoi je souhaite que mes objectifs, vœux, se réalisent ?

....
....
....
....
....

....
....
....
....
....
....

Que vais-je faire pour les réaliser ? *Sur quoi vais-je travailler, quels efforts, que vais-je mettre en place (de façon générale) ...*

....
....
....
....
....
....
....
....
....
....
....
....

Un dernier mot ?
À moi-même, l'univers, la source, les anges, les archanges ...

Quels sont mes accessoires pour ce rituel ? *Pierres, oracles, encens ...*

....
....
....
....
....
....
....
....
....
....
....
....

Quels sont les résultats de mes tirages ou autres ? *Runes, pendule, cartes*

....
....
....
....
....
....
....

Pleine Lune en ....(signe astro)
Du ....h ....
Rituel réalisé le .... À ....h ....
Spécificité de la lune ....

Mes menstruations ont eu lieu aux alentours de la Pleine lune ou de la Nouvelle lune ce mois-ci ?
....
Quel jour précisément ? ....

Comment je vis ou comment ai-je vécu mon cycle ?
Physiquement et émotionnellement
....
....

Je relis mon dernier rituel de pleine lune et si besoin mon dernier rituel de nouvelle lune (ou je reviens sur mon mois passé, en mémoire)

Écriture intuitive
Comment je me sens actuellement, ces derniers jours ? Sur le plan physique et émotionnel, que s'est-il passé, ce que j'ai appris, les choses dont je souhaite me décharger, etc ...

....
....
....
....
....
....
....
....

Pardonner, c'est guérir ! Laisser aller, c'est grandir !

Quelles sont les choses sur lesquelles je dois persévérer ?

....
....
....
....
....
....
....
....
....
....

Quelles sont mes gratitudes et réussites de ce dernier cycle ?

....
....
....
....
....
....
....
....
....

....
....
....
....
....
....
....
....
....
....
....

Souhaits et vœux réalisés durant ce dernier cycle ?

....
....
....
....
....
....
....
....

....
....
....
....
....
....
....
....
....
....
....
....
....

Mes souhaits et vœux pour le prochain cycle ? *Je reviendrai cocher les objectifs réalisés au prochain rituel de pleine lune.*

☐
....

....

☐
....

....

☐
....

....

Mes intentions, ce que je m'engage à faire pour y arriver.

Durant ce dernier cycle

Ce qui m'a déçue, contrariée, que je ne veux plus dans ma vie	Les choses pour lesquelles je n'ai pas pris de temps et que je souhaite faire
Ce qui m'a plu durant ce cycle et que je souhaite garder dans mon quotidien	Ce qui m'a pris trop de temps et d'énergie que je souhaite moins ou ne plus faire

Un dernier mot ? *Pour l'univers, vos guides ...*

....
....
....
....
....
....
....
....
....
....
....
....
....

Mes compagnons de rituel et mes tirages. *Pierres, accessoires, bougies, tapis, sauge, objets ...*

....
....
....
....
....

Nouvelle Lune en ....
Du ....h.......................
Rituel réalisé le .... À ....h...............

Mes menstruations ont eu lieu aux alentours de la Pleine lune ou de la Nouvelle lune ce mois-ci ?
....
Quel jour précisément ? ....

Comment je vis ou comment ai-je vécu mon cycle ?
Physiquement et émotionnellement
....

....

***Je relis mon dernier rituel de nouvelle lune** et si besoin mon dernier rituel de pleine lune (ou je reviens sur mon mois passé, en mémoire)*
Comment je me sens ?

....
....
....
....
....
....
....
....
....
....
....

Je suis unique et c'est ça mon super pouvoir !

Quels sont mes objectifs et vœux réalisés depuis mon dernier cycle ? (Dernier mois)

Quelles sont mes gratitudes du dernier cycle ? *Les meilleurs moments, des rencontres, des ressentis, réalisations particulières*

....
....
....
....
....
....
....
....
....
....
....
....
....
....
....
....
....
....
....
....

Quelles sont mes intentions, vœux, objectifs, pour les prochains mois ? (Jusqu'à 6 mois) *Je viendrais par la suite cocher ceux réalisés.*

☐
....
....

☐
....
....

☐
....
....

☐
....
....

☐
....
....

☐
....
....

☐
....
....

☐
....
....

☐ ....
....

☐ ....
....

☐ ....
....

***Je reste focus sur mes principaux objectifs à long terme, dans tous les secteurs de ma vie,** je les écris pour bien m'en imprégner et me les rappeler chaque mois. Je peux aussi les ajuster en fonction de mon évolution, de mes envies ...*

....
....
....
....
....
....
....
....
....
....

Quelle personne je veux être, dans quelques années ou quelques mois ? Physiquement, mentalement, socialement.

....
....
....
....
....
....
....
....
....
....

Qu'est-ce je mérite dans la vie ? D'être aimée, heureuse ...

....
....
....
....
....

Pourquoi je souhaite que mes objectifs, vœux, se réalisent ?

....
....
....
....
....

....
....
....
....
....
....

Que vais-je faire pour les réaliser ? *Sur quoi vais-je travailler, quels efforts, que vais-je mettre en place (de façon générale) ...*

....
....
....
....
....
....
....
....
....
....
....
....

Un dernier mot ?
À moi-même, l'univers, la source, les anges, les archanges ...

Quels sont mes accessoires pour ce rituel ? Pierres, oracles, encens ...

....
....
....
....
....
....
....
....
....
....
....

Quels sont les résultats de mes tirages ou autres ? Runes, pendule, cartes

....
....
....
....
....
....
....

Pleine Lune en ....(signe astro)
Du ....*h*................
Rituel réalisé le .... *À* ....*h*...........
Spécificité de la lune ....

Mes menstruations ont eu lieu aux alentours de la Pleine lune ou de la Nouvelle lune ce mois-ci ?
....

Quel jour précisément ? ....

Comment je vis ou comment ai-je vécu mon cycle ?
Physiquement et émotionnellement
....

....

Je relis mon dernier rituel de pleine lune et si besoin mon dernier rituel de nouvelle lune (ou je reviens sur mon mois passé, en mémoire)

Écriture intuitive
Comment je me sens actuellement, ces derniers jours ? Sur le plan physique et émotionnel, que s'est-il passé, ce que j'ai appris, les choses dont je souhaite me décharger, etc ...

....

....

....

....

....

....

....

....

Je mesure le chemin parcouru jusqu'à aujourd'hui !

Quelles sont les choses sur lesquelles je dois persévérer ?

....
....
....
....
....
....
....
....
....
....
....

Quelles sont mes gratitudes et réussites de ce dernier cycle ?

....
....
....
....
....
....
....
....
....
....

Souhaits et vœux réalisés durant ce dernier cycle ?

....
....
....
....
....
....
....
....
....
....
....
....
....

Mes souhaits et vœux pour le prochain cycle ? *Je reviendrai cocher les objectifs réalisés au prochain rituel de pleine lune.*

☐
....
....

☐
....
....

☐
....
....

☐
....
....

☐
....
....

☐
....
....

☐
....
....

☐
....
....

☐
....
....

☐
....
....

☐
....
....

☐
....
....

Mes intentions, ce que je m'engage à faire pour y arriver.

Durant ce dernier cycle

Ce qui m'a déçue, contrariée, que je ne veux plus dans ma vie	Les choses pour lesquelles je n'ai pas pris de temps et que je souhaite faire
Ce qui m'a plu durant ce cycle et que je souhaite garder dans mon quotidien	Ce qui m'a pris trop de temps et d'énergie que je souhaite moins ou ne plus faire

Un dernier mot ? *Pour l'univers, vos guides ...*

....
....
....
....
....
....
....
....
....
....
....
....
....

Mes compagnons de rituel et mes tirages. *Pierres, accessoires, bougies, tapis, sauge, objets ...*

....
....
....
....
....

Nouvelle Lune en ....
Du ....*h* ....
Rituel réalisé le .... *À* ....*h* ....

Mes menstruations ont eu lieu aux alentours de la Pleine lune ou de la Nouvelle lune ce mois-ci ?
....
Quel jour précisément ? ....

Comment je vis ou comment ai-je vécu mon cycle ?
Physiquement et émotionnellement
....

....

Je relis mon dernier rituel de nouvelle lune et si besoin mon dernier rituel de pleine lune (ou je reviens sur mon mois passé, en mémoire)
Comment je me sens ?

....
....
....
....
....
....
....
....
....
....
....

Si je peux le rêver, je peux le faire !

Quels sont mes objectifs et vœux réalisés depuis mon dernier cycle ? (Dernier mois)

....
....
....
....
....
....
....
....
....
....
....
....
....
....
....
....
....
....

Quelles sont mes gratitudes du dernier cycle ? *Les meilleurs moments, des rencontres, des ressentis, réalisations particulières*

....
....
....
....
....
....
....
....
....
....
....
....
....
....
....
....
....
....
....
....

Quelles sont mes intentions, vœux, objectifs, pour les prochains mois ? *(Jusqu'à 6 mois) Je viendrais par la suite cocher ceux réalisés.*

☐
....
....

☐
....
....

☐
....
....

☐
....
....

☐
....
....

☐
....
....

☐
....
....

☐
....
....

☐
....
....

☐
....
....

Je reste focus sur mes principaux objectifs à long terme, dans tous les secteurs de ma vie, *je les écris pour bien m'en imprégner et me les rappeler chaque mois. Je peux aussi les ajuster en fonction de mon évolution, de mes envies ...*

....
....
....
....
....
....
....
....
....
....

Quelle personne je veux être, dans quelques années ou quelques mois ? Physiquement, mentalement, socialement.

....
....
....
....
....
....
....
....
....
....

Qu'est-ce je mérite dans la vie ? D'être aimée, heureuse ...

....
....
....
....
....

Pourquoi je souhaite que mes objectifs, vœux, se réalisent ?

....
....
....
....
....

....
....
....
....
....
....

Que vais-je faire pour les réaliser ? *Sur quoi vais-je travailler, quels efforts, que vais-je mettre en place (de façon générale) ...*

....
....
....
....
....
....
....
....
....
....
....
....
....

Un dernier mot ?
À moi-même, l'univers, la source, les anges, les archanges ...

Quels sont mes accessoires pour ce rituel ? Pierres, oracles, encens ...

....
....
....
....
....
....
....
....
....
....
....
....

Quels sont les résultats de mes tirages ou autres ? Runes, pendule, cartes

....
....
....
....
....
....
....

Pleine Lune en ....*(signe astro)*
Du ....*h*..................
Rituel réalisé le .... *À* ....*h*.................
Spécificité de la lune ....

Mes menstruations ont eu lieu aux alentours de la Pleine lune ou de la Nouvelle lune ce mois-ci ?
....
Quel jour précisément ? ....

Comment je vis ou comment ai-je vécu mon cycle ?
Physiquement et émotionnellement
....

....

Je relis mon dernier rituel de pleine lune et si besoin mon dernier rituel de nouvelle lune (ou je reviens sur mon mois passé, en mémoire)

Écriture intuitive
Comment je me sens actuellement, ces derniers jours ? Sur le plan physique et émotionnel, que s'est-il passé, ce que j'ai appris, les choses dont je souhaite me décharger, etc ...

....

....

....

....

....

....

....

....

Ma vie n'est pas parfaite mais je suis reconnaissante pour ce que j'ai !

Quelles sont les choses sur lesquelles je dois persévérer ?

....

....

....

....

....

....

....

....

....

....

Quelles sont mes gratitudes et réussites de ce dernier cycle ?

....

....

....

....

....

....

....

....

....

....
....
....
....
....
....
....
....
....
....
....

Souhaits et vœux réalisés durant ce dernier cycle ?

....
....
....
....
....
....
....
....

....
....
....
....
....
....
....
....
....
....
....
....
....
....

Mes souhaits et vœux pour le prochain cycle ? *Je reviendrai cocher les objectifs réalisés au prochain rituel de pleine lune.*

☐
....
....

☐
....
....

☐
....
....

Mes intentions, ce que je m'engage à faire pour y arriver.

Durant ce dernier cycle

Ce qui m'a déçue, contrariée, que je ne veux plus dans ma vie	Les choses pour lesquelles je n'ai pas pris de temps et que je souhaite faire
Ce qui m'a plu durant ce cycle et que je souhaite garder dans mon quotidien	Ce qui m'a pris trop de temps et d'énergie que je souhaite moins ou ne plus faire

Un dernier mot ? *Pour l'univers, vos guides ...*

....
....
....
....
....
....
....
....
....
....
....
....

Mes compagnons de rituel et mes tirages. *Pierres, accessoires, bougies, tapis, sauge, objets ...*

....
....
....
....
....

Nouvelle Lune en ....
Du ....h........................
Rituel réalisé le .... À ....h ....

Mes menstruations ont eu lieu aux alentours de la Pleine lune ou de la Nouvelle lune ce mois-ci ?
....
Quel jour précisément ? ....

Comment je vis ou comment ai-je vécu mon cycle ?
Physiquement et émotionnellement
....

....

Je relis mon dernier rituel de nouvelle lune et si besoin mon dernier rituel de pleine lune (ou je reviens sur mon mois passé, en mémoire)
Comment je me sens ?

....

....

....

....

....

....

....

....

....

....

....

....

Je me choisis pour la vie !

Quels sont mes objectifs et vœux réalisés depuis mon dernier cycle ? *(Dernier mois)*

....
....
....
....
....
....
....
....
....
....
....
....
....
....
....
....
....
....
....

Quelles sont mes gratitudes du dernier cycle ? *Les meilleurs moments, des rencontres, des ressentis, réalisations particulières*

....

....

....

....

....

....

....

....

....

....

....

....

....

....

....

....

....

....

....

....

....

Quelles sont mes intentions, vœux, objectifs, pour les prochains mois ? *(Jusqu'à 6 mois) Je viendrais par la suite cocher ceux réalisés.*

☐ ....
....
....

☐ ....
....
....

☐ ....
....
....

☐ ....
....
....

☐ ....
....
....

☐ ....
....
....

☐ ....
....
....

☐ ....
....

☐
....
....

☐
....
....

☐
....
....

Je reste focus sur mes principaux objectifs à long terme, dans tous les secteurs de ma vie, *je les écris pour bien m'en imprégner et me les rappeler chaque mois. Je peux aussi les ajuster en fonction de mon évolution, de mes envies ...*

....
....
....
....
....
....
....
....
....
....
....

....
....
....
....
....
....
....
....
....

Quelle personne je veux être, dans quelques années ou quelques mois ? *Physiquement, mentalement, socialement.*

....
....
....
....
....
....
....
....
....
....
....

....
....
....
....
....
....
....
....
....
....

Qu'est-ce je mérite dans la vie ? D'être aimée, heureuse ...

....
....
....
....

Pourquoi je souhaite que mes objectifs, vœux, se réalisent ?

....
....
....
....

....
....
....
....
....
....

Que vais-je faire pour les réaliser ? *Sur quoi vais-je travailler, quels efforts, que vais-je mettre en place (de façon générale) ...*

....
....
....
....
....
....
....
....
....
....
....
....

Un dernier mot ?
À moi-même, l'univers, la source, les anges, les archanges ...

....

....

....

....

....

....

....

....

....

....

....

....

....

....

....

....

....

....

Quels sont mes accessoires pour ce rituel ? Pierres, oracles, encens ...

....
....
....
....
....
....
....
....
....
....
....

Quels sont les résultats de mes tirages ou autres ? Runes, pendule, cartes

....
....
....
....
....
....

Pleine Lune en .... *(signe astro)*
Du .... h ....
Rituel réalisé le .... À .... h ....
Spécificité de la lune ....

Mes menstruations ont eu lieu aux alentours de la Pleine lune ou de la Nouvelle lune ce mois-ci ?
....
Quel jour précisément ? ....

Comment je vis ou comment ai-je vécu mon cycle ?
Physiquement et émotionnellement
....

....

Je relis mon dernier rituel de pleine lune et si besoin mon dernier rituel de nouvelle lune (ou je reviens sur mon mois passé, en mémoire)

Écriture intuitive
Comment je me sens actuellement, ces derniers jours ? Sur le plan physique et émotionnel, que s'est-il passé, ce que j'ai appris, les choses dont je souhaite me décharger, etc ...

....

....

....

....

....

....

....

....

Un moment de patience dans un moment de colère empêche mille moments de regrets !

Quelles sont les choses sur lesquelles je dois persévérer ?

....
....
....
....
....
....
....
....
....
....

Quelles sont mes gratitudes et réussites de ce dernier cycle ?

....
....
....
....
....
....
....
....
....
....

....
....
....
....
....
....
....
....
....
....
....
....

Souhaits et vœux réalisés durant ce dernier cycle ?

....
....
....
....
....
....
....

....
....
....
....
....
....
....
....
....
....
....
....

Mes souhaits et vœux pour le prochain cycle ? *Je reviendrai cocher les objectifs réalisés au prochain rituel de pleine lune.*

☐
....
....

☐
....
....

☐
....
....

Mes intentions, ce que je m'engage à faire pour y arriver.

Durant ce dernier cycle

Ce qui m'a déçue, contrariée, que je ne veux plus dans ma vie	Les choses pour lesquelles je n'ai pas pris de temps et que je souhaite faire
Ce qui m'a plu durant ce cycle et que je souhaite garder dans mon quotidien	Ce qui m'a pris trop de temps et d'énergie que je souhaite moins ou ne plus faire

Un dernier mot ? Pour l'univers, vos guides ...

....
....
....
....
....
....
....
....
....
....
....
....
....

Mes compagnons de rituel et mes tirages. Pierres, accessoires, bougies, tapis, sauge, objets ...

....
....
....
....
....

Nouvelle Lune en ....
Du ....h........................
Rituel réalisé le .... À ....h ....

Mes menstruations ont eu lieu aux alentours de la Pleine lune ou de la Nouvelle lune ce mois-ci ?
....
Quel jour précisément ? ....

Comment je vis ou comment ai-je vécu mon cycle ?
Physiquement et émotionnellement
....

....

Je relis mon dernier rituel de nouvelle lune et si besoin mon dernier rituel de pleine lune (ou je reviens sur mon mois passé, en mémoire)
Comment je me sens ?

....

....

....

....

....

....

....

....

....

....

....

Aide-toi, le ciel t'aidera !

Quels sont mes objectifs et vœux réalisés depuis mon dernier cycle ? (Dernier mois)

....
....
....
....
....
....
....
....
....
....
....
....
....
....
....
....
....
....
....
....

Quelles sont mes gratitudes du dernier cycle ? *Les meilleurs moments, des rencontres, des ressentis, réalisations particulières*

Quelles sont mes intentions, vœux, objectifs, pour les prochains mois ? *(Jusqu'à 6 mois) Je viendrais par la suite cocher ceux réalisés.*

☐
....
....

☐
....
....

☐
....
....

☐
....
....

☐
....
....

☐
....
....

☐
....
....

☐
....
....

☐ ....
....

☐ ....
....

☐ ....
....

Je reste focus sur mes principaux objectifs à long terme, dans tous les secteurs de ma vie, *je les écris pour bien m'en imprégner et me les rappeler chaque mois. Je peux aussi les ajuster en fonction de mon évolution, de mes envies ...*

....
....
....
....
....
....
....
....
....
....
....

....
....
....
....
....
....
....
....
....

Quelle personne je veux être, dans quelques années ou quelques mois ? Physiquement, mentalement, socialement.

....
....
....
....
....
....
....
....
....
....

....
....
....
....
....
....
....
....
....
....

Qu'est-ce je mérite dans la vie ? D'être aimée, heureuse ...

....
....
....
....

Pourquoi je souhaite que mes objectifs, vœux, se réalisent ?

....
....
....
....

....
....
....
....
....
....

Que vais-je faire pour les réaliser ? *Sur quoi vais-je travailler, quels efforts, que vais-je mettre en place (de façon générale) ...*

....
....
....
....
....
....
....
....
....
....
....
....

Un dernier mot ?
À moi-même, l'univers, la source, les anges, les archanges ...

....

....

....

....

....

....

....

....

....

....

....

....

....

....

....

....

....

....

Quels sont mes accessoires pour ce rituel ? *Pierres, oracles, encens ...*

....
....
....
....
....
....
....
....
....
....
....

Quels sont les résultats de mes tirages ou autres ? *Runes, pendule, cartes*

....
....
....
....
....
....
....

Pleine Lune en ....(signe astro)
Du ....h......................
Rituel réalisé le .... À ....h......................
Spécificité de la lune ....

Mes menstruations ont eu lieu aux alentours de la Pleine lune ou de la Nouvelle lune ce mois-ci ?
....
Quel jour précisément ? ....

Comment je vis ou comment ai-je vécu mon cycle ?
Physiquement et émotionnellement
....

....

Je relis mon dernier rituel de pleine lune et si besoin mon dernier rituel de nouvelle lune (ou je reviens sur mon mois passé, en mémoire)

Écriture intuitive
Comment je me sens actuellement, ces derniers jours ? Sur le plan physique et émotionnel, que s'est-il passé, ce que j'ai appris, les choses dont je souhaite me décharger, etc ...

....

....

....

....

....

....

....

....

J'honore la magie de la vie !

Quelles sont les choses sur lesquelles je dois persévérer ?

....
....
....
....
....
....
....
....
....
....

Quelles sont mes gratitudes et réussites de ce dernier cycle ?

....
....
....
....
....
....
....
....
....
....

Souhaits et vœux réalisés durant ce dernier cycle ?

....
....
....
....
....
....
....
....
....
....
....
....
....

Mes souhaits et vœux pour le prochain cycle ? *Je reviendrai cocher les objectifs réalisés au prochain rituel de pleine lune.*

☐
....
....

☐
....
....

☐
....
....

Mes intentions, ce que je m'engage à faire pour y arriver.

Durant ce dernier cycle

Ce qui m'a déçue, contrariée, que je ne veux plus dans ma vie	Les choses pour lesquelles je n'ai pas pris de temps et que je souhaite faire

Ce qui m'a plu durant ce cycle et que je souhaite garder dans mon quotidien	Ce qui m'a pris trop de temps et d'énergie que je souhaite moins ou ne plus faire

Un dernier mot ? Pour l'univers, vos guides ...

....
....
....
....
....
....
....
....
....
....
....
....
....
....

Mes compagnons de rituel et mes tirages. Pierres, accessoires, bougies, tapis, sauge, objets ...

....
....
....
....
....

Nouvelle Lune en ....
Du .... *h* ....
Rituel réalisé le .... *À* .... *h* ....

Mes menstruations ont eu lieu aux alentours de la Pleine lune ou de la Nouvelle lune ce mois-ci ?
....
Quel jour précisément ? ....

Comment je vis ou comment ai-je vécu mon cycle ?
Physiquement et émotionnellement
....

....

Je relis mon dernier rituel de nouvelle lune et si besoin mon dernier rituel de pleine lune (ou je reviens sur mon mois passé, en mémoire)
Comment je me sens ?

....
....
....
....
....
....
....
....
....
....
....

Je fais de mon mieux pour atteindre mon plein potentiel !

Quels sont mes objectifs et vœux réalisés depuis mon dernier cycle ? *(Dernier mois)*

....
....
....
....
....
....
....
....
....
....
....
....
....
....
....
....
....
....
....
....

Quelles sont mes gratitudes du dernier cycle ? *Les meilleurs moments, des rencontres, des ressentis, réalisations particulières*

....
....
....
....
....
....
....
....
....
....
....
....
....
....
....
....
....
....
....
....

Quelles sont mes intentions, vœux, objectifs, pour les prochains mois ? (Jusqu'à 6 mois) *Je viendrais par la suite cocher ceux réalisés.*

☐
....
....

☐
....
....

☐
....
....

☐
....
....

☐
....
....

☐
....
....

☐
....
....

☐
....
....

☐ ....
....

☐ ....
....

☐ ....
....

Je reste focus sur mes principaux objectifs à long terme, dans tous les secteurs de ma vie, *je les écris pour bien m'en imprégner et me les rappeler chaque mois. Je peux aussi les ajuster en fonction de mon évolution, de mes envies ...*

....
....
....
....
....
....
....
....
....
....
....

....
....
....
....
....
....
....
....
....

Quelle personne je veux être, dans quelques années ou quelques mois ? Physiquement, mentalement, socialement.

....
....
....
....
....
....
....
....
....
....
....

....
....
....
....
....
....
....
....
....

Qu'est-ce je mérite dans la vie ? D'être aimée, heureuse ...

....
....
....
....

Pourquoi je souhaite que mes objectifs, vœux, se réalisent ?

....
....
....
....

Que vais-je faire pour les réaliser ? Sur quoi vais-je travailler, quels efforts, que vais-je mettre en place (de façon générale) ...

Un dernier mot ?
À moi-même, l'univers, la source, les anges, les archanges ...

Quels sont mes accessoires pour ce rituel ? *Pierres, oracles, encens ...*

....

....

....

....

....

....

....

....

....

....

....

Quels sont les résultats de mes tirages ou autres ? *Runes, pendule, cartes*

....

....

....

....

....

....

....

Pleine Lune en ....(signe astro)
Du ....h ....
Rituel réalisé le .... *À* ....h ....
Spécificité de la lune ....

Mes menstruations ont eu lieu aux alentours de la Pleine lune ou de la Nouvelle lune ce mois-ci ?
....
Quel jour précisément ? ....

Comment je vis ou comment ai-je vécu mon cycle ?
Physiquement et émotionnellement
....

....

Je relis mon dernier rituel de pleine lune *et si besoin mon dernier rituel de nouvelle lune (ou je reviens sur mon mois passé, en mémoire)*

Écriture intuitive
Comment je me sens actuellement, ces derniers jours ? Sur le plan physique et émotionnel, que s'est-il passé, ce que j'ai appris, les choses dont je souhaite me décharger, etc ...

....

....

....

....

....

....

....

....

Je prends ma vie en main !

Quelles sont les choses sur lesquelles je dois persévérer ?

....
....
....
....
....
....
....
....
....
....

Quelles sont mes gratitudes et réussites de ce dernier cycle ?

....
....
....
....
....
....
....
....

....
....
....
....
....
....
....
....
....
....
....

Souhaits et vœux réalisés durant ce dernier cycle ?

....
....
....
....
....
....
....

....
....
....
....
....
....
....
....
....
....
....
....

Mes souhaits et vœux pour le prochain cycle ? *Je reviendrai cocher les objectifs réalisés au prochain rituel de pleine lune.*

☐
....
....

☐
....
....

☐
....
....

☐
....
....

☐
....
....

☐
....
....

☐
....
....

☐
....
....

☐
....
....

☐
....
....

☐
....
....

☐
....
....

Mes intentions, ce que je m'engage à faire pour y arriver.

Durant ce dernier cycle

Ce qui m'a déçue, contrariée, que je ne veux plus dans ma vie	Les choses pour lesquelles je n'ai pas pris de temps et que je souhaite faire
Ce qui m'a plu durant ce cycle et que je souhaite garder dans mon quotidien	Ce qui m'a pris trop de temps et d'énergie que je souhaite moins ou ne plus faire

Un dernier mot ? *Pour l'univers, vos guides ...*

....
....
....
....
....
....
....
....
....
....
....
....

Mes compagnons de rituel et mes tirages. *Pierres, accessoires, bougies, tapis, sauge, objets ...*

....
....
....
....
....

Vous pouvez suivre ma collection de livres à remplir sur le développement, l'épanouissement et l'éveil personnel, sur **Instagram** : **@deessevibeseditions**

DÉESSE VIBES ÉDITIONS

✦

Écrit et réalisé par Jessica STAMCK
Commune de Cagnes sur mer

Imprimeur engagé dans la protection de l'environnement. L'encre utilisée ne contient pas de sous-produits d'origine animale dans leur nomenclature.

©décembre 2021

Tous droits réservés, y compris de reproduction partielle
ou totale, sous toutes ses formes.
Le contenu de ce journal ne peut pas être reproduit
transmis ou diffusé sans l'autorisation écrite de l'auteur.
Tous droits de traduction, d'adaptation et de
reproduction, totale ou partielle, pour quelque usage, par
quelque moyen que ce soit, réservés pour tous les pays.

Printed in France by Amazon
Brétigny-sur-Orge, FR